LES
INTÉRÊTS
FRANÇAIS
ET LE
RÉGIME ÉCONOMIQUE

PAR

CAMILLE HEURTIER

————◦◦◦————

PARIS

LIBRAIRIE INTERNATIONALE

15, boulevard Montmartre

AU COIN DE LA RUE VIVIENNE

A. LACROIX, VERBOECKHOVEN ET Cie, ÉDITEURS

A BRUXELLES, A LEIPZIG ET A LIVOURNE

1869

I

LA CHERTÉ DES SUBSISTANCES

On se préoccupe beaucoup, depuis quelque temps, de certains phénomènes financiers et économiques qui se reproduisent et vont grandissant, sans qu'on puisse, avec une certitude absolue, en déterminer les causes ou en indiquer l'origine. L'étude attentive des faits devant précéder tous les essais de réforme, nous croyons qu'il ne sera pas inutile de consigner ici, dans une esquisse rapide, un groupe d'observations propres à éclairer quelques-unes des questions multiples qui constituent notre vie sociale.

L'intérêt politique n'est jamais dégagé de l'intérêt économique; ils sont, au contraire, l'un et l'autre, intimement liés, et les enseignements de l'histoire, à cet égard, sont unanimes. C'est ainsi, pour ne parler que de la dernière secousse, que la crise de 1847 fut immédiatement suivie de l'explosion de 1848. La politique ne saurait donc en rien se désintéresser des questions purement sociales qui s'agitent autour d'elle et qui, pour n'avoir pas trait directement au pouvoir, n'en deviendront pas moins, dans très-peu de temps, une de ses plus graves préoccupations.

Il y a aujourd'hui deux faits constatés : la diminution du travail et la cherté des vivres.

La diminution du travail, beaucoup de gens la nient, en s'appuyant sur les tableaux de douane; peut-être le mouvement n'est-il que déplacé. Ce qui reste certain c'est que plusieurs industries sont réellement en souffrance et ont vu décroître leur production dans une proportion considérable. — Quoi qu'il en soit, la diminution du travail est un de ces accidents auxquels il faut s'habituer et où le rôle du Gouvernement est forcément contenu dans des limites restreintes. C'est là, du reste, un mal périodique, dérivant de l'inconstance de toutes les choses humaines. Après un mouvement de fièvre, la production se développe outre mesure, les marchés s'encombrent et la stagnation s'ensuit, jusqu'au moment où des besoins nouveaux réac-célèrent le mouvement qui se ralentira encore pour reprendre plus tard ; et ainsi de suite, à des inter-valles inégaux, suivant les événements qui agitent le monde.

La cherté de la vie est de bien autre importance. C'est le phénomène actuel qu'il importe le plus d'étudier et de suivre, parce qu'il contient le problème qui va se poser le plus vite, sans laisser beaucoup de temps pour le résoudre.

Le renchérissement des vivres tient à diverses causes. Le fait saillant qui s'en dégage c'est qu'il s'est produit dans toutes les parties de la France, même les plus reculées, et qu'il a atteint indis-tinctement toute espèce de produits. Cette parti-cularité tient, en grande partie, au système adopté pour la construction des Chemins de fer français, lequel a consisté à faire rayonner toutes les lignes de la capitale vers les extrémités du pays. On a ainsi créé, au profit de Paris, une centralisation énorme qui a réparti l'approvisionnement sur tous les points et nivelé, en peu de temps, le cours des denrées alimentaires.

D'un autre côté, on sait que depuis quinze ans, et ceci est à l'avantage du progrès, les rendements de l'agriculture ont permis aux habitants des campagnes d'améliorer sensiblement les conditions de leur existence matérielle.

Enfin, l'élévation des salaires d'ouvriers et l'augmentation de la fortune publique ont de beaucoup accru la consommation générale, et changé, par conséquent, le rapport entre celle-ci et la production.

Mais à tous les motifs que nous venons d'indiquer, n'est-il pas juste d'ajouter le traité de commerce de 1860, ou, si ce n'est le traité lui-même, les conséquences qu'il a eues au point de vue de l'alimentation? — Dans tous les cas, c'est depuis cette époque qu'a progressé, d'une façon inquiétante, l'enchérissement des subsistances, et le raisonnement arrive, sans trop de peine, à expliquer ce résultat. — Il est certain qu'en ouvrant les marchés extérieurs à la production française, qui, au point de vue purement alimentaire, est sans contredit la plus belle du monde, on rendait grand service à tous les agents de cette production. Il est clair qu'en leur créant d'autres débouchés on avantageait l'agriculture et tous les produits de la ferme; mais n'était-il pas rationnel, à ce moment, de se préoccuper du marché intérieur auquel on suscitait tout à coup, et sans qu'il y fût préparé, une concurrence redoutable? Ce n'est pas le tout, dans un pays qu'on gouverne, de favoriser une classe intéressante; il faut envisager l'ensemble des besoins, et la suprême justice exige que toute considération s'efface devant l'intérêt général.

Or, il y avait en France deux faits considérables dont il importait de tenir compte, parce qu'ils mettaient notre pays dans une situation particulière au regard des pays voisins. On n'avait qu'à jeter les yeux, d'une part, sur nos Chemins de fer, inachevés encore, jouissant d'un monopole exclusif et pourvus de tarifs excessivement élevés; d'autre part, sur les octrois des villes, centres des plus grandes consommations. Ces deux causes réunies devaient nécessairement grever la circulation de tous les produits alimentaires et maintenir dans une inferiorité permanente tout le marché français. Aussi a-t-on vu, à partir de cette époque, s'organiser, sur la côte normande et sur la côte bretonne, une vaste exportation des meilleurs produits de notre sol, qui, expédiés à Londres au lieu d'être dirigés sur Paris, présentent l'immense avantage de payer beaucoup moins de frais de transport et pas du tout de droits d'octroi.

Ne semble-t-il pas qu'il eût été logique ou d'avoir égard, dans les conventions, aux conditions inégales des deux grandes centres de consommation rivaux, ou de préparer l'égalité des marchés par une grande mesure intérieure capable de rétablir l'équilibre?

Le prélude de tout engagement international, au lieu de ces vagues promesses dont on a été si prodigue, devait donc être l'achèvement des Chemins de fer, l'abaissement des tarifs et l'étude de la question des octrois, dont la suppression, après n'avoir soulevé tout d'abord qu'un mouvement d'effroi, rentrera, par la discussion, dans le domaine des faits les plus naturels. Nous reviendrons tout à l'heure sur ce sujet; pour le moment, bornons-nous à constater l'influence exercée sur la vie sociale par la cherté des subsistances.

Cette cherté des denrées alimentaires ne va jamais seule; elle est infailliblement escortée d'une hausse rapide de toutes les autres consommations, même celles de luxe. A Paris elle s'est compliquée d'une augmentation déraisonnable dans le taux des loyers. — A partir de 1854, l'élévation progressive du prix de toutes choses a gagné de proche en proche et a rompu, en trois ou quatre années, l'équilibre entre les ressources des petites et moyennes fortunes et les besoins de dépense créés par l'ordre nouveau. Aussi est-ce de là, si l'on veut bien s'en souvenir, que date la fièvre des spéculations hasardeuses, seules capables d'enrichir ou d'alimenter les gens à grande dépense ; de même que c'est à partir de cette époque qu'on remarqua la recherche, par les petits capitalistes et les modestes rentiers, des placements à gros intérêts et l'engouement général pour les valeurs à lots. Ces dispositions ne manquèrent pas d'être exploitées par des banquiers à l'œil exercé, qui offrirent au public des appâts de son goût, lesquels appâts ont sans cesse réussi à attirer des capitaux dont, hélas ! on n'a pas toujours retrouvé la trace. Mais tous ceux qui ont pu connaître la liste des malheureux compromis dans les nombreux sinistres financiers de nos dernières années, savent que cette clientèle n'avait été alléchée que par la promesse d'un intérêt excessif, et qu'elle se compose uniquement de gens ne possédant qu'un mince capital. Les désastres survenus n'ont été que plus navrants, mais c'est là une preuve irrécusable qu'il se faisait dans l'épargne et la rente annuelle un vide qu'il fallait combler, au mépris de toute prudence.

Cette situation est toujours la même, rien ne baisse dans le prix des choses nécessaires à la vie, et le problème de joindre les deux bouts est encore celui qui tient le plus en souci la grande majorité des familles.

II

LA LOI SUR LES SOCIÉTÉS COMMERCIALES

C'est vers la même époque que se reportent
les premières préoccupations du pouvoir au sujet
des Sociétés commerciales. Cet immense mouvement d'affaires, simplement fiévreux, parut
désordonné, et la loi de 1856, sur les Sociétés en
commandite par actions, fut le seau d'eau froide
jeté sur la tête de la spéculation productive. Vin-
rent ensuite divers tâtonnements qui aboutirent à
la loi de 1863, sur les Sociétés à responsabilité
limitée, laquelle a vécu quatre ans et a été rem-
placée par la loi du 24 juillet 1867 qui ne vaut
certes pas davantage. — Toute cette législation,
instable parce qu'elle a été faite en dehors de
toute pratique réelle, est cent fois pire que l'an-

cienne ; elle est en train, sans qu'on y prenne garde, de jeter la France commerciale et industrielle dans des aventures dont le récit sera triste.

Aujourd'hui les sévérités légales sont telles qu'il n'y a pas un seul homme, indépendant par sa position ou sa fortune, qui veuille, à aucun prix, être administrateur d'une société commerciale française et les interprétations données à la loi, en matière de responsabilité, par les tribunaux et les cours, justifient, de la plus ample manière, cette sage abstention. Il résulte de là qu'on ne peut plus se rejeter que sur des hommes exclusivement commerçants, qui se hasardent timidement et poussés par des intérêts supérieurs à leurs craintes, mais que la crème des grands patronages, qui se recrutaient dans les sphères élevées, reste en dehors de toute vie commerciale et industrielle.

Et pourtant on disait, il y a trente années, au moment de la création des grandes compagnies de mines, d'établissements métallurgiques, de chemins de fer, que c'était par le frottement des hommes d'action, par le mélange des intérêts matériels, que se produirait inévitablement la fusion des diverses classes sociales, nivelées en principe mais non de fait par 1789 ; et, en réalité, ce mouvement était parfaitement commencé ; mais l'Empire, qui favorise tous les instincts démocratiques, a probablement d'autres moyens pour arriver à son but, car il a profondément dédaigné celui-là. On voyait encore, il y a quelques années, des noms de grande origine mêlés, dans les Conseils d'administration, à des parvenus du travail et de la fortune, à l'exemple de cette Angleterre, tant citée par nos ministres, où il n'y a pas un lord qui n'ait des intérêts commerciaux ; aujourd'hui la législation inaugurée par le second Empire a rejeté sur le haut bord la fine fleur de l'aristocratie, et condamné à une oisiveté stérile l'heureuse tendance qu'elle manifestait vers une activité féconde et honorable.

Si le Gouvernement s'est montré d'une sévérité outrée dans la proposition des lois de 1856, de 1863 et de 1867, en revanche il avait fait preuve d'une clairvoyance bien contestable en autorisant, sous l'empire de l'ancienne législation, certaines sociétés anonymes. — Nous avons déjà dit que l'ancienne législation, c'est-à-dire celle si courte, si nette insérée au Code de 1807, était bien préférable à la nouvelle ; nous maintenons cette opinion et nous ne croyons pas qu'il y ait aujourd'hui un seul homme, mêlé au mouvement commercial et industriel de son pays, qui n'en soit profondément convaincu. Le principe de l'ancienne loi était tout simplement la responsabilité directe, personnelle, indéfinie, sauf un cas spécial, celui des sociétés anonymes, pour lequel la loi réservait l'intervention et l'autorisation du Gouvernement. En ce qui concerne ces dernières sociétés, ayant pour objet les entreprises de grande utilité publique, exigeant l'agglomération de grands capitaux, on ne pouvait méconnaître leur utilité. On se borna seulement à une précaution suffisante en soumettant leurs statuts à l'approbation du Conseil d'État, et, par contre, on se départit du système d'une responsabilité qui aurait pu être illusoire, vu l'importance du capital associé, en ne rendant les

administrateurs responsables que de l'exécu-
tion de leur mandat. Rien de plus simple, rien
de plus logique que ces dispositions, mais quelles
étaient les règles à suivre pour le Gouvernement
chargé de dispenser les autorisations? C'est ici
que, sur ce que nous avons vu depuis 1852,
la critique trouve justement à s'exercer.

Nous admettons que, sous ce rapport, le Gouvernement doit être large; il est bon juge de
l'utilité publique et il lui est facile de réunir les
éléments d'un examen sérieux. Toutefois il ne
suffit pas qu'un avantage public quelconque se
trouve dans le but d'une société, il faut encore
et surtout que le fonctionnement de celle–ci soit
parfaitement déterminé et qu'il ne puisse jamais,
sous aucun prétexte, s'écarter de la marche
morale tracée dans ses statuts. La fin que se pro-
pose une grande compagnie peut être d'un intérêt
général, et les moyens qu'elle doit employer
peuvent être contraires à ce même intérêt : si ces
deux choses ne se concilient point, toute demande
d'anonymat doit être impitoyablement repoussée.

Ainsi nous comprenons à merveille qu'on
autorise une société anonyme pour la construction
et l'exploitation d'un chemin de fer. Par les études
préalables on sait qu'il faudra cent vingt millions
de francs, par exemple, pour mener à fin l'entreprise, et rien n'est plus naturel que de deman-
der à l'association, sous la forme anonyme, un si
gros capital. Ici on sait d'avance la somme qui
sera nécessaire et suffisante; on sait surtout quel
emploi en sera fait, et les administrateurs reçoi-
vent mandat de surveiller cet emploi du capital
social, sans pouvoir en changer la moindre application. Il en est de même pour les sociétés qui
ont en vue une grande industrie et dont le but
et le fonctionnement sont minutieusement décrits
dans le pacte fondamental. — Par contre, ce que
nous ne comprenons point c'est qu'on autorise
une société anonyme qui, sous un titre quelconque, comme Crédit mobilier par exemple,
et en vue d'opérations tout à fait indéterminées,
demande à se constituer au capital de soixante
ou cent vingt millions de francs, sauf à voir
ultérieurement ce qu'on fera de cet énorme capi-

tal. Là, à l'inverse de ce que nous constations tout à l'heure, rien, dans le pacte social, n'est prévu ni réglé, en sorte que l'on met d'abord les actionnaires à la merci des administrateurs et qu'on abandonne ainsi entre les mains de ces derniers une arme terrible qu'ils peuvent tourner en tous sens, même contre l'intérêt public.

En somme, pour donner à notre pensée une formule exacte, dans le premier cas les fondateurs ont d'abord une entreprise pour laquelle ils ont trouvé des capitaux; dans le second cas, les fondateurs ont d'abord un capital et cherchent des entreprises. Il suit de là, irrécusablement, que ces derniers ne remplissent point la condition imposée par l'articte 30 du Code de Commerce qui veut que la société anonyme « *soit qualifiée par la désignation de l'objet de son entreprise.* » Pour parer à cette infraction de la loi, le Gouvernement s'est contenté d'une désignation trop vague, ou, quand il y a eu une qualification formelle, il n'a point exigé que les sociétés s'y conformassent. On verra, à la première crise, ce qui adviendra de cet abandon trop facile de la garde des intérêts généraux.

Le même raisonnement s'applique, dans le sens de la première hypothèse, aux Compagnies d'assurances, dans le sens de la seconde, aux sociétés de dépôts et comptes-courants. Les caisses de dépôts et comptes-courants correspondent peut-être à un besoin, mais leurs moyens d'action sont extrêmement dangereux. — Leur création est venue des difficultés d'approche et des exigences de la Banque de France qui, comme on le lui reproche à juste titre, n'est que la banque des banquiers. En définitive ces établissements ne font que recevoir l'argent des particuliers à un ou deux pour cent et le placer en escomptes divers à trois ou quatre pour cent, se procurant ainsi un bénéfice par l'écart de l'intérêt. Vienne une alarme un peu chaude, tous les déposants vont se précipiter aux guichets de remboursement; les fonds se trouveront employés en effets de commerce non échus et, en temps de crise, inexactement payés; on voit d'ici le tableau!

La Banque de France eût pu parfaitement faire tourner à son avantage cette combinaison naïve qu'on a donnée comme une trouvaille, et qui était tout simplement imitée des joint-stock-banks anglais, juste au moment où la débâcle de ceux-ci en allait démontrer la faiblesse. La Banque de France n'avait qu'à ouvrir des comptes à tout déposant, même en fixant un minimum et à consentir à payer, pour les dépôts d'espèces, un faible intérêt; elle tuait ainsi une concurrence d'escomptes qui devient inquiétante, et c'était encore, pour elle, une manière d'entretenir, dans les mauvais jours, son stock métallique en rapport avec sa circulation fiduciaire. Avec une banque qui a le privilége d'émission, on peut, du moins, amortir les coups terribles d'une crise, en décrétant le cours forcé des billets comme en 1848, tandis qu'avec les caisses de dépôts, le Gouvernement ne saurait trouver aucun moyen pratique pour intervenir utilement. Il y a là, qu'on le croie bien, un danger véritable que la prudence et la réserve, même poussées aux plus extrêmes limites, seront impuissantes à conjurer.

III

LE MARCHÉ FINANCIER

Dans les premières pages de cet opuscule, nous avons montré, au point de vue des besoins, les résultats de l'augmentation exagérée et trop rapide de toutes les choses nécessaires à la vie. Nous venons de faire ressortir, en quelques mots, la façon malheureuse dont a été interprétée l'ancienne législation sur les sociétés anonymes, et la frayeur inspirée par la loi du 24 juillet 1867. Ces deux faits combinés ont engendré une situation financière et sociale qui appelle la plus sérieuse attention.

La nécessité de donner satisfaction aux exigences des petits capitalistes a forcément poussé aux entreprises à gros intérêts, mais pleines de hasards; or, ces opérations étant précisément celles où la responsabilité des administrateurs court les plus grands risques, l'esprit inventif des spéculateurs a dû chercher les moyens de s'exercer en pleine sécurité. Naturellement toutes les combinaisons ingénieuses ont été trouvées et pratiquées par les banquiers cosmopolites, habitués, par les plus vieilles traditions, à se précautionner contre les duretés de la loi. L'impulsion étant donnée, tout le monde la suit, parce qu'outre l'habileté on y rencontre une juste prudence.

Aujourd'hui on ne voit guère, en France, que deux espèces d'affaires: ou des emprunts étrangers, contractés avec des États dont le crédit est profondément altéré, qui consentent, par suite, à payer un intérêt usuraire, lesquels emprunts n'engagent point la responsabilité matérielle des établissements et des particuliers qui les traitent; — ou des entreprises financières et industrielles qui, ne pouvant se passer d'administrateurs, se fondent sous l'empire de la loi étrangère, anglaise, suisse, belge, ou autre, afin d'échapper aux conséquences terribles de la loi française. Nous avons vu de cette manière se contracter les Emprunts Tunisien, Turc, Hongrois, Égyptien, Portugais, Espagnol; s'organiser la Société internationale du Câble transatlantique, la Ferme italienne des Tabacs, le Crédit foncier suisse, la banque de Genève, la ligne ferrée du Simplon, le Nord-Ouest d'Autriche, etc., etc. Par ce moyen on a appliqué à notre épargne un suçoir permanent qui se hâte de fonctionner tandis qu'il a le champ libre.

Qu'a donc produit la loi du 24 juillet 1867 ? Venant dans un moment où l'on avait, plus que jamais, besoin de revenus, elle a tout simplement entravé l'extension du travail national et donné beau jeu à la spéculation irresponsable qui, ne trouvant plus de concurrence dans les initiateurs influents du pays, monopolise, sans risque et en côtoyant la loi, le drainage des capitaux indigènes.

Il en est résulté ce chômage des capitaux, constaté depuis longtemps par le stock excessif du numéraire dans toutes les caisses publiques; il en résulte encore et surtout ce fait beaucoup plus grave que les capitaux inintelligents, divisés et disséminés, trompés souvent par les apparences et se lassant d'attendre, finissent par céder à l'incessante sollicitation d'organes financiers habilement dirigés, et vont s'engouffrer, sans discernement, dans des placements dont la valeur est bonne ou mauvaise, suivant le hasard qui les a guidés.

Ainsi, d'une part, tout le monde cherche de gros intérêts pour faire face à des besoins toujours grandissants; de l'autre, personne n'ose affronter les sévérités de la loi, en suscitant des entreprises nationales. D'où un état d'affaires, véritablement critique, qui maintient dans l'abstention les gens capable de juger, et qui lance, dans tous les risques d'une spéculation sans contrôle, les ignorants et les crédules.

Eh bien! il est évident qu'il faut se hâter de

porter remède à une pareille situation, et arrêter, par tous les moyens possibles, la déplorable tendance qui s'accuse de plus en plus. L'intervention du Gouvernement, dans les intérêts purement privés, est un des malheurs de notre pays : la liberté, l'entière liberté, sans aucune immixtion de l'État, réagira seule contre cette fausse allure du marché français. On y viendra; mais, en attendant, il ne convient point de faire, de l'action gouvernementale, une arme à un seul tranchant, bonne à s'imposer par les lois de compression contre les sociétés, et impropre à empêcher le mal produit par ces mêmes lois. Puisqu'il a choisi l'ingérence en faisant des lois draconiennes, le Gouvernement a le devoir de chercher, dans l'arsenal qu'il a sous la main, un moyen défensif qu'il puisse manier avec vigueur.

Quand on est engagé dans le système des restrictions, c'est bien le moins qu'on s'en serve en faveur de son pays, et qu'on ne constitue pas aux étrangers un avantage dont les Français euxmêmes ne jouissent pas. On a quelquefois émis l'idée que les traités de commerce avec les diverses puissances avaient complétement désarmé le Gouvernement français vis-à-vis des sociétés étrangères. Quelque imprudent qu'on ait pu être dans certaines stipulations, il y a là, selon nous, une interprétation inexacte de la lettre même des traités, et, si le Gouvernement le veut bien, il a le moyen de défendre nos intérêts.

L'opinion que nous venons de rapporter se base sur un article des traités qui stipule : *que les sociétés anonymes étrangères peuvent, par réciprocité, être cotées à la Bourse de Paris, de même qu'elles peuvent exercer tous leurs droits et ester en justice en France.* Donc, conclut-on, il suffit qu'une Association quelconque ait dressé des statuts à l'étranger, pour venir sur notre marché solliciter nos capitaux et faire concurrence à nos valeurs.

Si l'on en juge par ce qu'on a vu jusqu'à présent, cette thèse est peut-être soutenable; mais, véritablement, elle n'est pas dans la raison. Car, que voyons-nous sur notre marché? Ou des sociétés étrangères qui émettent leurs actions, ou des sociétés étrangères qui émettent des obligations. Or, les sociétés qui donnent à souscrire leur capital actions, ne sont point des sociétés anonymes existantes, les seules nommées dans les traités, ce sont des sociétés anonymes *en projet, en voie de formation*, et le Gouvernement français serait parfaitement dans son droit en leur interdisant de puiser dans notre pays le capital même qui doit leur donner la vie. Quant aux sociétés qui émettent des obligations, elles tombent toutes, sans exception, sous la double application des deux lois des 3 septembre 1807 et 21 mai 1836, la première limitative du taux de l'intérêt, la deuxième prohibant toute espèce de loterie autre que celles dont le produit serait destiné à des actes de bienfaisance ou à l'encouragement des arts. De ce côté encore, il est donc possible d'empêcher les émissions étrangères d'obligations.

Tels sont les moyens que le Gouvernement a à sa disposition pour couvrir les intérêts français d'une efficace protection. Assurément ce ne sont

pas des moyens tels que les rêvent les esprits libé-
raux; mais dans un état organisé comme le
nôtre, il est nécessaire que tout soit en concor-
dance, et qu'à des attaques sans foi on oppose,
sans hésiter, une défense sans scrupule.

Au surplus, le régime même que nous venons
de préconiser ne saurait être que temporaire,
et personne au monde n'oserait souhaiter sa durée.
Évidemment le remède à tous ces maux est ailleurs que dans l'intervention constante et purement arbitraire du Gouvernement. L'état social de
la France réclame d'urgence une étude appro-
fondie de l'harmonie des intérêts, ainsi qu'une
révision importante des lois, des traités et des
institutions qui les régissent.

IV

LES RÉFORMES

Un jour viendra, prochainement nous l'espérons, où le Gouvernement lui-même sentira la nécessité de confier à deux ministres ardents et opiniâtres, l'un pour les Finances, l'autre pour l'Agriculture et le Commerce, la mission de remonter le courant des idées routinières et d'entrer résolûment dans la voie des réformes.

Ah! les réformes à opérer sont nombreuses; il y a à chercher, à scruter, à étudier profondément; mais si l'on veut inaugurer un système en harmonie avec les besoins nouveaux, il faut à peu près reprendre par le pied la constitution économique de la France.

En première ligne il faut remanier le budget. Sous tous les gouvernements, depuis la fin du siècle dernier, on a fait du budget l'arme principale d'opposition. Cela tient à ce que la masse ignore absolument ce que c'est et que pour un grand nombre de citoyens, même instruits, c'est un chaos à peu près impénétrable. Du reste, il faut l'avouer, on n'a jamais rien fait pour éclairer ce labyrinthe mystérieux, et on n'a jamais voulu comprendre qu'en vulgarisant et en rendant simples les notions du budget, on ôterait aux dénigrants systématiques leur principal moyen d'attaque. La vérité est qu'on vit sur un malentendu et que ce malentendu est entretenu, pour ainsi dire à dessein, par ceux qui sont en position de le dissiper.

Tout le monde est apte à comprendre que la vie sociale comporte des frais généraux, et qu'il ne peut y avoir de gouvernement et d'administration que si l'on consent à les payer. Partant de ce principe, que jamais personne n'a songé à contester, il semble que, dans tout pays, suivant son étendue et ses besoins, il est, avant tout, indispensable de dresser le tableau exact de la dépense qu'il aura à supporter, chaque année, pour être gouverné et administré. Une fois cette dépense établie et admise par les représentants légaux du pays, il y a à chercher le meilleur moyen de la répartir entre tous les citoyens, au prorata de leurs intérêts et de leurs forces.

Cette théorie, si simple, passe depuis long-temps pour une naïveté indigne de discussion. Il faut croire, cependant, ou qu'elle est bien difficile à appliquer, ou qu'elle est bien gênante, car on ne songe guère à la mettre en pratique. Tout au contraire, nous voyons nombre d'admi-nistrateurs qui se préoccupent, d'abord, du cha-pitre des recettes, et qui, sur le chiffre qui en résulte, aiment à calculer les dépenses. — Si les recettes le permettent, on dote les services sans parcimonie et on se donne le luxe de certains frais extraordinaires; de sorte que ces hommes considèrent l'État comme un bon propriétaire qui vit largement ou maigrement, suivant que ses rentes augmentent ou diminuent.

Il n'y a pas d'idée plus fausse et moins digne à la fois du rôle que le budget doit jouer dans l'État. Mais, au fond, cette manière d'envisager la question est, pour les gouvernants, de beaucoup plus commode. C'est qu'en effet il est facile, sur des excédants de recettes, de faire approuver certaines dépenses, plus ou moins utiles mais non indispensables, tandis qu'il serait impossible d'établir une dépense de même nature à laquelle devrait correspondre une aggravation d'impôts. La pente est si glissante et l'occasion est si belle, quand il s'agit de fonds disponibles; mais s'il fallait grever à nouveau les contribuables, quel rempart on serait sûr de trouver dans leurs représentants !

Là, selon nous, est tout le secret des budgets grossissants d'année en année, et qui finiront par devenir la ruine des États, quelque grands, quelque riches qu'ils soient. La manie de constituer à l'État et aux villes le plus gros revenu possible, entraîne, comme conséquence forcée, l'augmentation des dépenses et aboutit à ce singulier résultat que ce sont les périodes de prospérité qui laissent les budgets les plus lourds. Tant que les recettes progressent, l'équilibre se maintient, on vit tranquille; dès que la diminution arrive, le déficit apparaît, et aussitôt se dressent les embarras et éclatent les crises. — L'augmentation des revenus publics n'est donc point un signe de prospérité; elle peut aussi bien résulter des aggravations fiscales que du développement de la consommation. Ce dont il faudrait s'applaudir, c'est de la diminution des dépenses, parce qu'alors le revenu public, qui n'est point autre chose que la quote-part de chaque citoyen dans les frais de l'État, pourrait être diminué dans une égale proportion.

A la vérité, ce mode de dresser le budget d'un pays ou d'une ville, en établissant tout d'abord

le montant des dépenses strictement indispensables pour vivre en sécurité, et en répartissant
ensuite ce chiffre entre tous les intéressés sur des
bases déterminées, a trouvé et trouve encore d'ardents et d'illustres adversaires. — Les gens qui,
de nos jours, tiennent le pouvoir, ne veulent point
en entendre parler, car c'est un cercle dans lequel il n'y a aucun moyen de se mouvoir. Par
la même raison ils sont grands partisans de tous
les impôts indirects établis, notamment des octrois, et ils s'appuient sur l'opinion de plusieurs
économistes qui ont prôné les taxes de consommation. Invoquer l'avis d'hommes célèbres qui,
toute leur vie, ont approfondi ces matières, est
certes une bonne manière de discuter; mais,
vraiment, il ne serait pas juste d'exagérer la
portée de cet argument. — Autres temps, autres
mœurs; quand il s'agit de créer une ressource,
on la crée comme on peut, et les hommes qui ont
vécu sous un certain régime ont pu émettre un
avis sensé, en conseillant l'établissement des impôts de consommation. Mais de là à croire qu'il
n'y a pas d'autre moyen de niveler les recettes et

les dépenses ; de là à rester immobile dans un
état de choses auquel on reconnaît tant d'incon-
vénients, il y a loin. Il faut admettre qu'en avan-
çant, l'œuvre de la civilisation qui répand l'ins-
truction, qui vulgarise l'éducation politique et qui
accomplit le progrès, modifie, par cela même,
les rapports sociaux. De ce vaste mouvement il
résulterait un défaut d'équilibre, si les bases de
la vie en société devaient rester immuables. —
Dans tous les cas, il est difficile de se laisser convaincre de l'indispensable nécessité des octrois,
quand nous sommes entourés de pays comme la
Belgique et l'Angleterre, où il n'en existe point,
et qu'en un jour, dans la vieille Espagne, la
terre aux traditions, on les a abolis et remplacés
par un impôt de répartition.

La suppression des octrois est une question qui
a besoin d'être abordée résolûment. La difficulté,
dit-on, n'est pas de les abolir, c'est de les remplacer, ou plutôt de remplacer les ressources qui
en proviennent. Il est certain qu'en ce qui concerne spécialement Paris, au train dont on y va,

ce sera difficile ; toutefois, en pareille matière, les difficultés doivent compter pour peu de chose, car il n'y a pas d'obstacle insurmontable quand il s'agit du bien général.

Quoi qu'il en soit, c'est mal poser les termes de la proposition que de s'occuper, trop longtemps à l'avance, de ce qu'on mettra à la place de ce qu'on veut supprimer. Les besoins du budget, réduit à sa juste mesure, sont d'absolue nécessité ; par conséquent, on y fera toujours face, de quelque manière que ce soit. Mais si l'on reconnaît que l'impôt provenant des octrois est inique, vexatoire, énormément coûteux ; si l'on arrive à constater qu'il frappe injustement ; qu'il est un grave obstacle au développement de l'industrie ; et que non-seulement il est une des causes directes de la hausse exorbitante des subsistances, mais encore le prétexte au moyen duquel on fausse constamment, dans les villes, le cours des denrées ; si, enfin, il est démontré que ce reste des anciennes barrières intérieures tient en infériorité marquée le marché de la France, au béné-

fice des marchés extérieurs; alors il n'y a plus
à hésiter, il faut supprimer les octrois et trouver,
coûte que coûte, une perception équivalente qui
s'allie avec le bien public.

On adoptera, s'il le faut, un mode transitoire et
on cherchera, sans relâche, une solution meil-
leure ; en attendant qu'un système général,
comme, par exemple, l'assurance obligatoire
étendue indéfiniment, vienne ouvrir un nouvel
horizon à la constitution de l'impôt et du budget.

Dans notre économie commerciale et industrielle, c'est, sans contredit, aux chemins de fer
qu'appartient le rôle principal : leur constitution
en monopoles en fait surtout l'importance. Les
concessions données à des compagnies particu-
lières ont pu, à l'origine, être une nécessité ;
mais tout le monde convient qu'il est anormal de
laisser en lutte incessante l'industrie générale du
pays avec l'industrie privée des transports. Dans

les premières années d'aucun peuple, aussi haut que l'on remonte, personne n'a jamais imaginé de donner la concession des routes à des compagnies privées. Les voies de communication ont toujours été considérées comme partie intégrante du domaine public et la propriété inaliénable de l'État, comme un bien commun dont la jouissance par tous les citoyens est aussi indispensable que celle de l'eau. Pourquoi les chemins de fer ont-ils un rôle tout différent ?

Est-ce parce qu'à côté d'eux on a laissé subsister les routes ? Mais on sait bien que les routes ne servent plus qu'au trafic de voisinage. Le grand roulage, qui a résisté pendant quelques années après la création des chemins de fer, a, depuis longtemps, remisé ses fourgons, parce qu'il faut marcher avec le progrès, parce qu'aujourd'hui le temps est devenu la première condition des échanges, et qu'un industriel qui voudrait faire une économie d'argent, en se servant des routes pour ses transports, serait ruiné par les délais et les frais de séjour. — Les routes ne sont donc plus ce qu'elles étaient; elles sont, dès à présent, remplacées par les chemins de fer. Pourquoi, alors, ne pas donner à ces derniers le caractère de propriété commune que, de tous temps et dans tous les pays du monde, on a reconnu aux voies publiques?

On comprend qu'à l'origine ceux qui ont concouru, au nom de l'État, à la création des chemins de fer, n'aient point eu cette préoccupation; car, à cette époque, il ne s'agissait, pour ainsi dire, que d'un essai dont on était loin de prévoir la si complète réussite et qui trouvait des incrédules parmi les gens de la plus influente opinion. Aujourd'hui que les faits ont révélé toute la puissance des lignes ferrées et ont pu convaincre que les routes étaient à jamais détrônées, beaucoup de bons esprits pensent que le moment est venu d'étudier un système qui permettrait à l'État le rachat des chemins de fer. C'est qu'en effet il est difficile d'apercevoir un autre moyen de combiner les transports avec les besoins de l'Agriculture, du Commerce et de l'Industrie, et, du même coup, de convertir la lutte ouverte entre les divers éléments de richesse de notre pays en une étroite solidarité.

Sous le rapport pratique, au point où en est venu l'État dans ses relations financières avec les compagnies, le rachat des concessions présenterait beaucoup moins de difficultés qu'on ne le croit généralement ; et, au moins, quand va se poser la grosse question des chemins de fer départementaux, qui doit finir de donner la vie à l'intérieur de la France, on pourrait, sans entraves, exécuter un projet d'ensemble, considéré jusqu'à ce jour comme impraticable, à cause de la division et du choc des intérêts des grandes compagnies.

A côté de ces questions si graves du budget, des octrois, des chemins de fer dont l'étude s'impose, vient se placer la nécessité d'une réforme complète dans la loi sur les sociétés commerciales. Cette réforme doit s'effectuer dans le sens le plus large

et le plus libéral, afin que les capitaux de place—
ment et l'épargne annuelle du pays n'aillent pas
s'engouffrer dans des entreprises exclusivement
étrangères, fuyant les industries indigènes. Une
plus longue durée de l'état de choses actuel aurait,
pour nous, avant peu, les conséquences les plus
désastreuses ; mieux vaudrait encore revenir à la
législation si simple et si droite de 1807, sauf à
l'exécuter rigoureusement en ce qui concerne les
sociétés anonymes.

La Banque de France, elle aussi, peut con—
courir pour une large part, à la facilité de toutes
les transactions, en proposant la révision de ses
statuts, en abandonnant quelques pratiques trop
sévères, en devenant, enfin, un établissement
accessible à tous, par la négociation des effets à
deux signatures et des warants rigoureusement
contrôlés, au lieu de rester le grand réservoir des
banquiers qui interceptent, à leur profit, presque
tous les avantages qui avaient été créés pour les
commerçants.

Si, à toutes ces réformes, on ajoute des encouragements à la production alimentaire, en décernant les primes, dans les concours, non à l'animal le plus gras et le mieux venu, mais aux bandes d'animaux; de façon à récompenser, momentanément du moins, plutôt la quantité que la qualité, on peut être sûr qu'on obtiendra un résultat utile. — Car, dans un pays où la population est dense; où les besoins grandissent, à cause de l'augmentation générale du bien-être, avec une rapidité imprévue, on doit, tout d'abord, pousser au rétablissement de l'équilibre par un surcroît de production. C'est en vain que les économistes prétendent à la compensation par les traités de commerce; l'importation ne sera jamais qu'un faible appoint. Sous le rapport de l'alimentation, la France est le pays le plus admirablement partagé du monde; rien de ce qu'elle importe ne vaut ce qu'elle exporte; et, parmi toutes les nations, elle est, sans contredit, celle qui trouverait le moins d'avantage à enfreindre la loi supérieure qui a conformé les productions de la nature à la composition du sol, à l'organisation des êtres et aux nécessités du climat.

Enfin ce que tout Français doit souhaiter, c'est qu'on ne dispose point des grands intérêts de la nation et qu'on ne les engage point, ainsi qu'on l'a fait en 1860, sans une discussion préalable et sans l'approbation formelle de ses représentants. — Le traité de commerce de 1860 a eu, dit-on, certains avantages en ce qu'il a fait ressortir plusieurs qualités nationales qu'on ne soupçonnait pas et mis à nu beaucoup de vieux préjugés. Cela peut être, mais il est bien avéré aujourd'hui qu'il a eu des côtés funestes et que plusieurs de nos industries ont été compromises. Cela suffit de reste à tout esprit impartial pour reconnaître qu'on a procédé trop précipitamment, et pour désirer, dans tous les cas, qu'on procède autrement dans l'avenir. Le terme rigoureux, inscrit dans les conventions de 1860, est sur le point d'expirer; le traité ne se continuera plus que par

voie de tacite reconduction, d'année en année.
C'est au Corps législatif, c'est aux hommes
représentant directement les groupes français
intéressés, qu'il faut laisser le soin de ré-
clamer les modifications qui sembleront nécessaires.

Alors, peut-être, arriverons-nous insensible-
ment à mettre en pratique la seule idée qui pa-
raisse juste en matière de trafic international,
celle qui consiste à ne jamais conclure aucun
traité de commerce qui puisse lier la nation; à
considérer les barrières extérieures comme autant
de vannes qu'on lève ou qu'on abaisse suivant les
exigences du marché intérieur, en se préoccupant,
avant tout, des intérêts nationaux. — C'est ce que
fait sagement l'Amérique qui, pour laisser rele-
ver ses industries abattues par la guerre de séces-
sion, impose, jusqu'à 150 °/₀ de leur valeur,
certains produits de l'Europe, après les avoir
laissés entrer, gratuitement ou à peu près, pendant nombre d'années.

Ce dernier souhait, d'ailleurs, se relie à tout un système auquel, Dieu merci, on semble aspirer de plus en plus, et dont la base est la discussion, par les intéressés eux-mêmes, de toutes les grandes mesures commerciales et politiques. Ce régime comporte, en même temps, la plus grande somme de liberté compatible avec l'ordre, l'initiative particulière sans aucune espèce d'entraves, et surtout le renoncement absolu du Gouvernement à s'ingérer, de quelque façon que ce soit, dans les entreprises privées. — La tutelle administrative énerve à l'excès; elle ne saurait créer qu'une nation d'enfants. Si l'on veut avoir des hommes il faut couper les lisières, et apprendre aux citoyens que si l'État leur doit la sécurité, c'est à eux-seuls de produire la force.

V

CONCLUSION

En résumé, nous nous sommes appliqué, le plus brièvement possible, à montrer l'état de notre pays tel qu'il résulte des faits économiques qui se sont produits depuis quelques années, ainsi que de la législation actuelle qui régit les sociétés commerciales.

Nous avons signalé les moyens transitoires qui permettent au Gouvernement de défendre l'épargne française attaquée de toutes parts.

Nous avons indiqué les bases générales sur

lesquelles seules peut s'édifier une réforme qui va devenir nécessaire.

Afin de resserrer notre discussion et de préciser sa portée, nous terminerons par la conclusion suivante :

Sans aucun doute, il faut soumettre à une étude attentive tous les phénomènes qui se rapportent au budget, aux octrois, aux chemins de fer, à notre constitution politique;

Mais, avant tout et sans aucun retard, il y a trois points dont il faut s'occuper, c'est :

1° De la cherté des subsistances, qu'il faut combattre à toute force, en supprimant tout ce qui grève le commerce relatif à l'alimentation publique;

2° De la révision, en certains points, des traités de commerce de 1860, sur lesquels il importe de consulter directement les intéressés;

3° De la loi du 24 juillet 1867, sur les

sociétés commerciales, qu'il faut rapporter au plus vite, parce qu'elle tient éloignés des grandes affaires tous les honnêtes gens du pays, et compromet gravement l'industrie nationale.

Tout ajournement dans l'examen de ces trois questions capitales aurait des suites funestes; et si le Gouvernement restait sourd aux réclamations qui lui sont quotidiennement adressées à cet égard, il assumerait une lourde responsabilité.— Qu'il se hâte, au contraire, de trouver des solutions équitables et d'en saisir le Corps législatif qui va être élu en 1869.

Dieu veuille que la nouvelle Chambre ne soit point comme son aînée, entraînée par les préoccupations politiques à accepter tout avec une confiance aveugle, et qu'elle se montre, tout à la fois, plus libérale et mieux avisée dans la discussion des grands intérêts économiques de la France.

Paris, le 1er février 1869.

3122. — Paris. — Imprimerie Poitevin, rue Damiette, 2 et 4.